L'homme

James Bramston

Writat

Cette édition parue en 2023

ISBN : 9789359253404

Publié par
Writat
email : info@writat.com

Selon les informations que nous détenons, ce livre est dans le domaine public. Ce livre est la reproduction d'un ouvrage historique important. Alpha Editions utilise la meilleure technologie pour reproduire un travail historique de la même manière qu'il a été publié pour la première fois afin de préserver son caractère original. Toute marque ou numéro vu est laissé intentionnellement pour préserver sa vraie forme.

INTRODUCTION

Pour quoi Virro a-t-il peint, construit et planté ?

Seulement pour montrer combien de goûts il voulait.

Qu'est-ce qui a fait gaspiller la richesse malade de Sir Visto ?

Un Démon murmura : « Visto ! Goûte. »

(Pape, Épître à Burlington)

L'idée de « goût » et l'idéal de « l'homme de goût » ont considérablement perdu de leur estime critique depuis le XVIIIe siècle. Lorsque FR Leavis décrit Andrew Lang comme « un érudit et un homme de goût, avec un sens du langage et un désir d'écrire de la poésie », il est clair que pour Leavis, ces attributs disqualifient Lang d'être pris au sérieux en tant que poète. Mais à l'époque de Pope, le « goût » était un terme clé dans sa pensée esthétique ; la signification et l'application de ce terme étaient une question brûlante qui occupait la plupart des esprits les plus compétents de l'époque.

Addison a préfacé sa série d'articles du Spectator sur les « Plaisirs de l'imagination » par un essai révolutionnaire sur le « goût » (n° 409). Dans cette version classique du terme, Addison définit le « goût » comme « cette faculté de l'âme qui discerne avec plaisir les beautés d'un auteur et ses imperfections avec aversion ». Le « goût » d'Addison est une propension innée à certains types d'expériences esthétiques qui ont été consciemment cultivées dans la direction approuvée. Il ne suffit pas d'apprécier et d'apprécier les bons auteurs ; ils doivent être valorisés et appréciés pour les bonnes raisons. Lorsqu'il ridiculise l'homme qui lui assurait que « le plus grand plaisir qu'il prenait à lire Virgile était d'examiner Énée dans son Voyage par la carte », Addison s'attend clairement à ce que ses lecteurs conviennent qu'un goût aussi singulier n'était en fait aucun goût. du tout. Son récit implique non seulement une norme de « goût », mais aussi un accord général, au moins parmi les « hommes de goût », sur ce qu'était cette norme. C'est cette circularité qui rend essentiel l'hypothèse d'une certaine faculté innée du « goût ».

Mais la prescription d'Addison pour cultiver le goût était laborieuse, impliquant des lectures et des études prolongées. Les riches, et surtout les nouveaux riches, étaient tentés de confondre l'appréciation correcte des objets de goût avec la simple possession de ceux-ci ; de sorte que, comme pour Timon de Pope dans l' *Épître à Burlington* (1731), posséder une bibliothèque est devenu un substitut à la lecture de livres. Ce faux goût pour l'ostentation – notamment dans les bâtiments – est une cible fréquente de la satire contemporaine.

L'importance sociale du « goût » en tant qu'indice de richesse a été renforcée par la pensée philosophique actuelle qui donnait également au « goût » une dimension morale. Dans ses *Caractéristiques* (1711), Shaftesbury postulait un sens moral inné, tout comme Addison un sens esthétique inné. Shaftesbury fait cette analogie entre le moral et l'esthétique :

Le cas est le même ici [dans les sujets mentaux ou moraux] que dans les corps ordinaires ou sujets communs des sens. Les formes, les mouvements, les couleurs et les proportions de ceux-ci étant présentés à notre œil ; il en résulte nécessairement une beauté ou une difformité, selon la mesure, la disposition et la disposition différentes de leurs diverses parties. Donc dans *le comportement* et *les actions*, lorsqu'elles sont présentées à notre entendement, doivent nécessairement y trouver une différence apparente, selon la régularité ou l'irrégularité des sujets.

La formation correcte de cette capacité permettrait aux hommes de faire les bons choix en matière morale et esthétique. Cette analogie est également à la base de *l'Essai sur la nature et la conduite des passions et des affections de Francis Hutcheson* (1728).

C'est dans le contexte philosophique des écrits d'Addison, Shaftesbury et Hutcheson qu'il faut situer la satire du « goût » de Pope, Bramston et d'autres. Mais au moment où Pope écrivit son *épître à Burlington*, la « Faculté de l'âme » d'Addison était quelque peu dégradée en tant que terme critique, et le déclin du « goût » était un sujet courant. "Rien n'est plus commun que l'affectation du goût, ni rien de plus rare que le goût", se plaignait le *Weekly Register* en 1731, déplorant "la dégénérescence du *goût* depuis l'époque *de M. Addison* ".

La publication de l'épître du pape *à Burlington* en décembre 1731 fut un événement littéraire d'une certaine importance, d'autant plus qu'il s'agissait de son premier poème depuis la *Dunciad Variorum* de 1729. L' *épître* donna au « goût » une actualité renouvelée en tant que mot à la mode. « Of Taste » ne se retrouve que sur le faux-titre de la première édition. Mais, considérablement modifiée en « De faux goût » pour la deuxième édition, cette désignation a trouvé sa place sur la page de titre de la troisième édition et est devenue le titre populaire du poème (il est ainsi décrit sur la feuille publicitaire de The Man of de Bramston) . *Goût*).

Plusieurs attaques contre Pope et son poème ont été publiées l'année suivante. *A Miscellany on Taste* (1732) réimprime *l'épître du pape* avec des notes critiques combatives. Pope lui-même a été attaqué, sous le nom de « M.

Alexander Taste », dans un pamphlet anonyme M. *Taste the Poetical Fop* (1732), réédité en 1733 sous le titre *The Man of Taste*, empruntant apparemment le titre du poème de Bramston.[4] *L'Homme de goût (1733)* de Bramston est un des premiers exemples d'une réaction plus positive à *l'épître du pape*, le rejoignant plutôt que d'essayer de le battre. Le poème de Bramston a à son tour donné lieu à un anonyme *La Femme du goût* (1733) et a suggéré quelques détails sur le personnage de Lord Apemode dans la comédie de James Miller *L'Homme du goût* (1735). Pope lui-même en a emprunté une idée (voir p. 14, ll. 5-6) pour un passage de la *Dunciade* (l'allusion aux francs-maçons et à FRS ; IV, 567-71).

L'ensemble d'œuvres provoqué par *l'épître du pape* témoigne de l'actualité du « goût » à l'époque où Bramston écrivait son poème, et c'est son *Homme de goût* qui conserve le plus d'intérêt aujourd'hui. L'histoire ultérieure du « goût » dans l'esthétique et la satire du XVIIIe siècle ne peut être que brièvement évoquée ici. Les discussions philosophiques importantes sont l'essai de Hume « De la norme du goût » (dans Quatre dissertations, 1757), l' *Enquête philosophique de Burke sur l'origine de nos idées du sublime et du beau* (1757 ; un « Discours concernant le goût » a été préfacé à la deuxième édition. , 1759), et *l'Essai sur le goût* d'Alexandre Gérard (1759). La farce de Foote, *Taste* (1752), a révélé le faux goût pour l'antiquité. Il existe de nombreux portraits satiriques de « l'homme de goût » : M. Sterling dans *The Clandestine Marriage* (1766) en est un bon exemple, clairement dans la tradition du Timon de Pope, tout comme le général Tilney dans *Northanger Abbey* (1818, mais écrit beaucoup plus tôt) .

À l'époque de Jane Austen, bien sûr, le « goût » s'était développé en s'éloignant des règles addisoniennes, et en fait, toute la teneur de l'esthétique de l'imagination avait changé. Ce qui s'est passé peut être suggéré en juxtaposant deux affirmations significatives sur le « goût » comme métaphore. Dans son essai *Spectator* (n° 409), Addison parle d'« une très grande conformité entre ce goût mental, qui est le sujet de cet article, et ce goût sensible qui nous donne le goût de toutes les saveurs différentes qui affectent le palais ». Mais dans la Préface des *Ballades lyriques* (1802), Wordsworth désapprouve ceux « qui discuteront avec nous aussi gravement du *goût* pour la poésie qu'ils l'expriment, comme s'il s'agissait d'une chose indifférente comme le goût pour la danse sur corde ou le frontiniac ». ou Sherry. »[5] Mais la décomposition de la métaphore du « goût » est un sujet trop vaste pour être exploré ici.

James Bramston (?1694-1743) fit ses études à la Westminster School et à Christ Church, Oxford, où il passa son baccalauréat en 1717 et sa maîtrise en 1720. Il reçut les ordres et fut pendant un certain temps aumônier militaire.

En 1724, il obtint la subsistance de Lurgashall , et en 1739 celles de Harting et Westhampnett .[6] Il publia (tous anonymement) seulement trois poèmes en anglais :

1. *L'art de la politique , à l'imitation de l'art poétique d'Horace*. Londres : Lawton Gilliver, 1729.

2. *L'homme de goût. Occasionné par une épître de M. Pope sur ce sujet*. Londres : Lawton Gilliver, 1733.

3. *Le six pence tordu. Avec une préface savante trouvée parmi certains articles portant la date de la même année où Paradise Lost a été publié par feu le Dr Bently* . Londres : Robert Dodsley, 1743.

Bramston a également écrit des vers latins, et au moins deux poèmes inédits survivent ; mais sa réputation repose sur *L'Art de la Politique* et *L'Homme de Goût*. Les deux poèmes intéressent l'historien politique et culturel, mais d'un point de vue littéraire, *L'Homme de goût* est probablement le meilleur poème. Cela est dû en grande partie au succès de Bramston dans la création du personnage d'un homme de goût consciemment affecté, qui, cependant, s'expose plus qu'il ne le souhaite. Joseph Warton a pris cet effet pour un échec technique lorsqu'il a qualifié Bramston de « coupable de l'indécorum et de l'absurdité de faire rire son héros de lui-même et de ses propres folies. » [7] Le poème est délibérément les « confessions » d'un soi-disant Homme de Goût. Cela commence sur un ton désinvolte et cynique, mais à mesure que l'orateur est progressivement séduit par sa propre rhétorique (surtout lorsqu'il s'imagine être un noble), il prend une note presque rhapsodique, de sorte qu'il se révèle comme la victime, et non l'exploiteur, de "goût."

Tant dans ses cibles que dans ses techniques, Bramston est un disciple de Pope. Parfois, il y a un souvenir conscient du maître :

J'ai crié en distiques , et j'ai pleuré en triplés. (p.6)

Ailleurs l'imitation est moins heureuse :

Bien sûr, le misérable *Wren* a été enseigné par le maladroit *Jones* ,
Pour assassiner le mortier et défigurer les pierres ! (p. 10)

Ici, l'habitude stylistique de l'antithèse va à l'encontre du sens au lieu de le renforcer. Mais il y a beaucoup de bonnes choses dans le poème ; La façon dont Bramston traite l'idée de la scène comme « école de moralité », par exemple, est intelligente et amusante. Son héros tire son « goût héréditaire » du fait qu'il a été « obtenu de manière tragi-comique » par un joueur-poète et une femme-orange (p. 6). Cela donne du sens à son affirmation ultérieure :

Oxford et *Cambridge* ne valent pas un sou,

Comparé à *Haymarket* et *Convent-garden* :

Quittez-les, vous la jeunesse britannique, et suivez-les,

Transformez tous les joueurs et prenez vos diplômes d'écuyers. (p. 18)

Il y a aussi un certain nombre de réussites verbales, telles que :

Ni le bouleau barbelé n'a effleuré mes fesses musclées. (p.6)

Ici, une allitération insistante et un rythme fort se combinent pour créer un excellent effet onomatopée. Un autre couplet :

Tho ' *Blackmore* remplissent mon âme de ravissements,

Avec des notes de *Bently* ils seraient encore meilleurs. (p. 7)

montre une appréciation considérable de l'art du naufrage ; la deuxième ligne en particulier est un bon bathos.

Le poème dans son ensemble fournit un portrait intéressant du « goût » à la mode contemporain qui complète , à un niveau social inférieur, les portraits de Pope de magnats de l'insipide comme Timon. L'Homme de goût de Bramston est un étrange amalgame de singulier et de banal. Il commence par professer mépriser les lois et finit par tenter de promulguer les siennes. En dessinant un personnage dont les goûts sont tantôt sans vergogne pervers, tantôt servilement imitateurs, et en décrivant un large éventail de « goûts », Bramston a développé de manière significative l'idée qu'il a tirée de l' *Épître à Burlington* , qui s'intéresse largement aux faux goûts. goût dans la construction.

Cela ne veut pas dire que la plupart des victimes de la satire de Bramston se trouvent également quelque part chez Pope. Parfois, on commence même à soupçonner que la connaissance de Londres de Bramston découle autant du

Dunciad Variorum que de son expérience directe de la ville. Il y a certainement un fort élément traditionnel dans certains de ses thèmes. L'éloge ironique de Sir Cloudesley Le tombeau de Shovell, par exemple (p. 12), a probablement été suggéré par le *Spectator* (n° 26) plutôt que par une visite à l'abbaye de Westminster ; la tombe avait offensé Addison parce qu'elle représentait l'amiral sous la forme d'un personnage extraterrestre.

Mais le traditionnel se conjugue avec l'actualité. Si la tombe de Sir Cloudesley était restée vingt ans, Sir Balaam est une allusion à *l'épître du pape à Bathurst*, publiée seulement en février 1733, le mois précédant l' *Homme de goût*. Une autre preuve que Bramston faisait des ajouts au poème jusqu'en février 1733 (le poème fut publié le 8 mars) sont les vers :

Ce n'est pas le cas de mon esprit, insatisfait des indices,

En sait plus que *Budgel* écrit, ou *Roberts* imprime. (p. 10)

Ces lignes ont été publiées dans un nouveau résumé des lecteurs, *The Bee: ou Universal Weekly Pamphlet. Containing Something to Hit Every Man's Taste and Principles*, édité par Budgell et publié par Roberts. Le premier numéro paraît en février 1733. On retrouve un mélange similaire de passé et d'actualité avec la satire musicale (p. 13). L'*Esther* de Haendel et la nouveauté de l'oratorio étaient aussi récentes qu'en 1732 ; La laideur de Heidegger (« Prince *Phyz* ! ») était proverbiale, et le changement de nom de la mascarade datait de dix ans.

Ce mélange est déroutant, mais certainement intentionnel, car il aurait rendu l' *Homme de goût* plus ridicule aux yeux d'un public contemporain. Il existe également un mélange vertical des goûts des différentes couches de la société ; l'auteur du *Weekly Register* de février 1731, déjà cité plus haut, fait cette distinction : « La table de jeu et la diversion royale à *Newmarket* sont l'ambition de la majorité ; et le reste préfère *Senesino* à *Shakespear*, comme la plus haute preuve de politesse moderne ».

L'utilité des notes pour une compréhension complète de la satire de Bramston fut reconnue dès 1733, lorsque quelques-unes furent ajoutées à la réimpression de Faulkner à Dublin. Les notes de Faulkner sont remarquables par leur parti pris xénophobe, car hormis celles sur Mme Oldfield (« *Ophélie* », p. 9), elles attirent surtout l'attention sur des maux d'origine continentale : la recommandation de suicide de Pasaran (p. 9) ; le rôle de Heidegger en tant qu'artiste corrupteur (p. 13) ; l'imposteur Comte D'Ughi (le « *Comte Diamant* », p. 16) ; et Misaubin (p. 17), « célèbre pour guérir les maladies vénériennes ». Ces hommes étaient respectivement italiens, suisses, italiens et français. Cette xénophobie est une caractéristique remarquablement constante de la satire du XVIIIe siècle sur le « goût ».

L'*Homme de goût* (avec *The Art of Politicks*) a été inclus dans la collection Dodsley ; dans l'édition de 1782, des notes (non signées, mais d'Isaac Reed) furent ajoutées, identifiant de nombreuses allusions qui n'étaient plus d'actualité. Celles-ci sont souvent utiles, mais passent parfois à côté de l'essentiel, comme c'est le cas avec la blague Budgell - Roberts, évoquée ci-dessus. Mais bien que les notes soient utiles pour une compréhension complète de tous les points satiriques de Bramston, une familiarité avec le monde de Pope et de ses victimes élimine la plupart des difficultés pour un lecteur moderne. Ce n'est qu'occasionnellement que Bramston exprime une note plus personnelle, comme dans la liste des médecins (p. 17), où il inclut deux de ses contemporains de Christ Church ; et même ici, Arbuthnot est un panneau indicateur suffisant.

Bramston est un poète mineur, mais il n'est pas nécessaire de s'excuser pour *The Man of Taste*. C'est un poème vivant et amusant en soi, et son association avec Pope et sa place dans le corpus de la satire du XVIIIe siècle sur le « goût » attirent l'attention des étudiants de l'époque.

Université du Queensland
à Brisbane

NOTES SUR L'INTRODUCTION

1. *New Bearings in English Poetry* (1932 ; nouvelle éd., Londres : Chatto & Windus, 1950), p. 11.

2. Traité IV : « Une enquête concernant la vertu ou le mérite », Livre I, partie ii, section 3, dans *Caractéristiques des hommes, manières, opinions, époques* (Londres, 1711), II, 28-29.

3. Réimprimé dans le *Gentleman's Magazine*, 1 (1731), 55-56.

4. Ces attaques sont décrites dans JV Guerinot, *Pamphlet Attacks on Alexander Pope* 1711-1744 (New York : New York Univ. Press, 1969), pp. 204-21.

5. *Critique littéraire de William Wordsworth*, éd. Paul M. Zall (Lincoln : Univ. of Nebraska Press, 1966), p. 50.

6. Je dois ces détails (qui corrigent le compte *DNB*) à M. Michael Hunter du Worcester College, Oxford.

7. Dans son édition des Pope's *Works* (Londres, 1797), V, 285 (note sur *The Dunciad*, IV, 570).

8. *Gentleman's Magazine*, I (1731), 55-56.

Une note sur le texte

The Man of Taste a été publié le 8 mars 1733 par Lawton Gilliver dans un beau format in-folio. Une deuxième édition in-folio (bien que pas ainsi appelée) a été publiée plus tard dans le même mois ; cela a été suivi dans l'année par des éditions in-8° à Londres [1] et Dublin.

Utilisant les preuves des publicités dans les deux folios et dans les journaux contemporains, WB Todd plaide en faveur de la priorité de l'édition qu'il appelle « A », [2] inversant l'ordre précédemment suggéré par Iolo A. Williams sur les preuves internes. [3] Les variantes textuelles sont légères et se limitent aux altérations, sauf celle de la p. 5, ligne 9, "A" indique "Les conflits persistent" et "B" indique "Les conflits persistent". Une copie de l'édition "A" de Todd est reproduite ici.

---

[1] Bien que l'empreinte sur la page de titre indique « Londres », cette édition a probablement été imprimée à Édimbourg. Pour une réévaluation du nombre et de l'ordre des éditions de The Man of Taste, voir DF Foxon, English Verse 1701-1750 (Cambridge : Cambridge Univ. Press, à paraître en 1975), I, 78 (B396-401).

[2] La Bibliothèque, 5e série, VIII (1953), 186-87. Todd résume ici les preuves concernant la publication.

[3] Points in Eighteenth-Century Verse (Londres : Constable, 1934), pp. 67-69.

NOTE BIBLIOGRAPHIQUE

Le fac-similé de The Man of Taste (1733) de Bramston est reproduit avec autorisation à partir d'une copie (Shelf Mark : *fPR3627/E663b/copy 2) dans la bibliothèque commémorative William Andrews Clark. La page de type totale (p. 7) mesure 243 × 144 mm.

LE

HOMME de GOÛT.

L'homme de goût.

Qui QU'IL soit, celui qui aspire à un *goût*,
Laissez-le lire ceci et soyez ce qu'il désire.
Dans des hommes et des manières adaptés à la vie, j'écris,
Pas ce qui était autrefois, mais ce qui est maintenant poli.
Ceux qui de la *France courtoise* ont fait le tour,
anglaise peut à peine durer.
Mais les honnêtes gens qui n'ont jamais été à l'étranger,
Comme *l'Angleterre* seulement, et son *goût* est applaudi.
Les conflits persistent encore, ce qui donne le meilleur *goût* ;
Les livres ou le monde, le grand nombre ou le petit nombre.

    Pour moi, le vrai *goût est connu par cette pierre de touche,*
C'est toujours mieux que ce soit le plus proche du mien.
Pour montrer que mes prétentions ne sont pas vaines,
Mon père était un joueur à *Drury-lane*.
Poires et pistaches que ma mère vendait,
Lui un poète dramatique, elle une grondeuse.
Sa muse tragique pouvait effrayer les comtesses,
Son esprit dans les boîtes faisait les délices de mon Seigneur.
prêtre mercenaire n'a jamais joint leurs mains,
Libéré des groupes antipoétiques du mariage.
Les lois mon Pindarick parents n'avait pas d'importance,
donc été tragi-comique.
Mon bébé pleure une sorte de mesure gardée,
J'ai crié en distiques, et j'ai pleuré en triplés.
Aucun jeune n'a gaspillé son éducation,
Heureux dans un *Goût héréditaire*.
L'écriture n'a jamais eu de crampes au tendon de mon pouce,

Ni le bouleau barbelé n'a effleuré mes fesses musclées.

Mes tripes n'ont jamais souffert d'un cuisinier d'université,

Mon nom n'est jamais entré dans un livre de beurre.

Priscien enseignent en vain *la grammaire* ,

Les bonnes parties valent mieux que *huit parties du discours* :

Puisque ceux-ci ont refusé, ceux qui n'ont pas refusé qu'ils appellent,

Je remercie mes étoiles de les avoir toutes refusées .

Aux *langues grecques* ou latines sans prétention ,

Je fais confiance à la mère Wit et au père Sense.

La nature est mon guide, je méprise toutes les sciences,

Douleurs que j'abhorre, j'étais un *poète né* .

    Pourtant mon *goût est* pour des critiques telles,

J'ai un peu *de français* et je connais un peu *le néerlandais* .

D'énormes commentateurs ornent mes étagères savantes,

Les notes sur les livres surpassent les livres eux-mêmes.

Les critiques sont en effet des hommes précieux,

Mais les hyper- critiques sont tout aussi bonnes .

Tho ' *Blackmore* ' fait travailler mon âme avec des ravissements remplis,

Avec des notes de *Bently* ils seraient encore meilleurs.

Le *Boghouse -Miscellany* est bien conçu ,

Pour apaiser le corps et améliorer l'esprit.

Les caprices et les blagues de *Swift pour mon appel au ressentiment*,

Car il me déplaît, cela plaît à tous.

Vers sans rime que je ne pourrais jamais supporter,

Brut en nombre et obscur dans le sens.

Pour lui, comme la nature, quand il a cessé de voir,

Milton est un *Vide universel* pour moi.

Confirmé et réglé par la voix des Nations,

La rime est la fierté du poète et le choix du peuple .

Toujours soutenu par le soutien national,
Du marché, de l'université et du tribunal :
Thompson , écrivez en blanc ; mais sache que pour cette raison,
Ces lignes vivront, quand les vôtres seront hors saison.
La rime lie et embellit les textes du poète,
Comme *London* Ladies doivent leur forme aux baleines.

    Si *Cibber* lui-même, le *mari insouciant* , avait écrit :
Lui, pour le Laurel, n'avait jamais eu mon vote :
Mais pour ses Épilogues et autres Pièces,
Il mérite amplement les *Modern Bays* .
Cela me plaît, que *le pape s'en aille* sans laurier ,
Tandis que *Cibber* porte les Bays pour Playhouse Prose.
Donc Le monarque britannique a un jour *découvert* son destin,
Tandis que *Bradshaw* intimidait avec un chapeau à larges bords .

    Vive le vieux *Curl !* il ne doit jamais publier ses craintes,
Les discours, vers et dernières volontés des pairs.
Combien de fois a-t-il montré un esprit public ,
Et a-t-il plu à nos oreilles indépendamment des siennes ?
Mais donner du mérite, même si *Curl* est pareil ?
Ses frères libraires ne sont-ils pas les mêmes ?
Les statuts peuvent-ils garder la presse *britannique* en admiration,
Même si c'est ce qui se vend le mieux, c'est ce qui est le plus contraire à la loi ?

    La vie des joueurs morts mes heures de loisirs séduisent,
Et *les Sessions-Papers* dramatisent mon style .
C'est une lecture charmante dans la vie d' *Ophélie* ,
Si souvent une mère , et pas une seule fois une épouse :
Elle pourrait se comporter avec convenance,
Vivante avec ses pairs, avec des monarques dans sa tombe :
Son sort, combien de fois les prostituées envieuses ont pleuré,

Par les prébendes enterrées et par les généraux gardés.

    T'améliore en Moralité *Mandevil* J'ai lu,

Et les Scrupules de *Tyndal* sont mon credo bien établi.

J'ai voyagé tôt et j'ai vite compris

Religion, j'avais vingt-deux ans.

Honte, douleur ou pauvreté dois-je endurer,

Quand puis-je me procurer des cordes ou de l'opium ?

Quand l'argent est parti et que je ne peux pas payer de dettes,

L'auto-mutilation est une manière honorable .

Comme *Pasaran* dit que je mettrais fin à mes jours,

Et me suicider, ma fille et ma femme.

Brûlez mais cette *Bible* que cite le pasteur,

Et tous les hommes spirituels se trancheront la gorge.

    Mais je ne limite pas ma plume aux écrits,

J'ai un goût pour les bâtiments, la musique , les hommes.

Les jeunes costauds voyagés se vantent de leur puissante connaissance,

Avec des touches superficielles au maximum.

Ce n'est pas le cas de mon esprit, insatisfait des indices,

En sait plus que *Budgel* écrit, ou *Roberts* imprime.

Je connais la ville, toutes les maisons que j'ai vues,

Du coin *High-Park* jusqu'à *Bednal-Green* .

Bien sûr, le misérable *Wren* a été enseigné par le maladroit *Jones* ,

Pour assassiner le mortier et défigurer les pierres !

Qui à *Whitehall* peut discerner la symétrie ?

Je considère l'église *du couvent-jardin comme une grange* .

Et je ne déteste pas moins ta vile cathédrale, *Paul* !

Le chœur est trop grand, la coupole est trop petite :

Des murs conséquents et des toits lourds que j'aime,

C'est les structures de *Vanbrug* qui me plaisent :

De si nobles ruines que chaque tas ferait ,

J'aurais aimé qu'ils tombent pour le bien de la perspective.

Vers le haut *Chelsea* ou vers *le Greenwich* Dome,

Les soldats et les marins sont tous les bienvenus chez eux.

Ses pauvres aux palais *que Britannia* amène,

Saint- *Jacques* peut servir aux rois.

Construire si heureusement que je comprends,

Que pour une maison, j'hypothèquerais tout mon terrain.

Dorick , *Ionick* , n'y seront pas trouvés,

Mais cela me coûtera soixante mille livres.

Parmi mes honnêtes ouvriers, je sélectionnerai

Un *maçon* , et le proclame architecte ;

Dites-lui d'abord de me construire un magnifique dôme,

Ce qui *étant terminé* , nous partîmes pour *Rome* ;

Admirez *Venise* et le *Brent pendant* une semaine ,

Regardez autour de vous, ne voyez rien et revenez à la maison content.

J'aurai aussi ma *Villa* , une douce demeure,

Sa situation sera *London* Road :

Des pots sur la porte que je placerai comme les balcons des villes ,

Lequel [1] *Courbé* appelle les *jardins d'Adonis* .

    J'aurai aussi mes jardins à la mode,

Car qu'est-ce qui est beau qui ne soit pas nouveau ?

De beaux temples à quatre pattes , des théâtres qui rivalisent ,

Avec tous les angles d'un *Noël* - pye .

Ne mérite-t-il pas les éloges du spectateur,

Qu'est-ce qui est haut pour couler ? et qu'est-ce qui est faible à augmenter ?

Les pentes monteront là où se trouvait autrefois une serre,

Et dans mon étang à chevaux je planterai un bois.

Que les avares redoutent le gaspillage de l'or thésaurisé,

Les dépenses et les modifications montrent un *goût* .

    Dans les peintures curieuses, je suis extrêmement gentil,
Et connaissez leurs différentes beautés par leur *prix* .
Ventes aux enchères et *ventes auxquelles* je participe constamment,
Mais choisissez mes photos par un *ami habile* .
Originaux et copies à peu près pareils,
La valeur du tableau est le *nom du peintre* .

    Mon goût en Sculpture de mon choix se voit,
Je n'achète aucune statue qui ne soit obscène.
Malgré *Addison et la Rome* antique ,
de Sir *Cloudesly Shovel* est ma tombe préférée .
Combien de fois me suis-je tenu debout avec admiration,
Voir du Magistrat en bois ?
Je regarde avec plaisir la tête d'un Lord May'r ,
Moulée avec convenance en plomb doré.
Oh, pourrais-je voir *Londres* en passant,
Un large Sir *Balaam* en laiton *corinthien* ;
Haut sur un piédestal, vous hommes libres, placez
Sa panse magistrale et son visage râleur ;
Letter'd et Gilt , laissez-le orner *Cheapside* ,
Et accordez au *commerçant* ce qu'un *roi* a refusé .

    Vieilles pièces de monnaie et médailles que je collectionne, c'est vrai,
Sir *Andrew* les a , et je les aurai aussi.
Mais entre amis, si je peux dire la vérité,
J'aime le moderne et méprise l' antique.
Mais dans les tiroirs de mon Japon *Bureau* ,
À Lady *Gripeall* Moi les *Césars* elle W,
C'est égal à sa Seigneurie ou à moi,
Un *Otho en cuivre* , ou un *Scotch Baubee* .

Sans *italien*, ou sans oreille,
À la musique de *Bononcini* j'adhère :
Musick a des charmes pour apaiser une bête sauvage,
Et donc approprié lors d'une fête du shérif.
Mon âme a souvent trouvé un plaisir secret,
Dans le son noble et harmonieux de la Cornemuse.
Cornemuses pour hommes, *flûtes allemandes stridentes* pour garçons,
Je suis né *anglais* et j'aime les grognements.
La scène devrait donner la note solennelle de l'orgue,
Et l'Écriture tremble dans la gorge de l'eunuque.
Laissez *Senesino* chante, ce que *David* a écrit,
Et *les Alléluias* charment la fosse pieuse.
La ville est venue en foule à *Hester*,
Et *Oratorio* était un nom porte-bonheur.
Toi, *Heeideggre* ! le goût *anglais* a trouvé,
Et règne sur la foule de qualité avec le son.
En *Carême*, si les mascarades déplaisent à la ville,
Appelle- les *Ridotto*, et ils descendent toujours :
Allez, Prince *Phyz* ! pour plaire à la nation britannique,
Appelez votre prochaine *mascarade* une *convocation*.
   J'élève des ours, des lyonnais, des loups et des éléphants,
Et lire *les Transactions philosophiques*.
Prochaine Loge, je serai *Franc-Maçon*, rien de moins,
Sauf si je suis *FRS*
   J'ai un *palais* et (encore) *deux oreilles*,
Entreprise adaptée aux *porteurs* ou aux *pairs*.
De toutes les connaissances utiles que j'ai,
Mais mon plus grand talent est un menu.
Monsieur Les longes et les croupes de bœuf offensent mes yeux,

Savouré avec des fricassées de grenouilles et des tartes en combe.

Des plats que j'ai choisis , bien que petits, mais raffinés,

Les escargots constituent le premier plat et *les Peepers* couronnent le repas.

de cochon avec des cheveux, à ma guise, s'il vous plaît,

J'aime les jeunes collyres s'ils sont mijotés dans du fromage,

Et donnez dix guinées pour une pinte de petits pois.

Aucun serviteur bavard ne vient à ma table,

Ma Grâce est *silence* et mon serveur *est muet* .

Queer Country-met l'éloge du règne de la reine *Bess* ,

Et se plaignent de la perte de l'hospitalité.

Dis que tu fais l'éloge de la table de ton père,

Y avait-il *Mahogena* autrefois ?

   Oh! une baronnie britannique pourrait-elle être vendue !

J'aurais le grand honneur d'acheter avec de l'or éblouissant .

Pourrais-je obtenir le *privilège* de *Peer* ,

J'intimiderais les riches et j'opprimerais les pauvres.

Donner est mal, mais c'est encore plus mal ,

À toutes conditions pour *payer* la facture d'un commerçant.

Je ferais rester les insolents Mechanicks ,

Et je garde mon argent liquide pour *jouer* .

J'essaierais si un plaisir pouvait être trouvé,

En *jetant* vingt mille livres .

Si j'avais des comtés entiers, j'irais chez *White* ,

Et mettez les terres, les bois et les rivières à portée de main.

Mais si je rencontre une course malheureuse,

Et d'un seul coup, soyez glorieusement défait ;

Mes *dettes d' honneur* Je déchargerais le premier,

Que tous mes *créanciers légitimes* soient maudits :

Mon *titre* me préserverait de l'arrestation,

Et saisir *les chevaux loués* sont une plaisanterie.

Je marcherais le matin avec un *bâton de chêne*,

Avec des gants et un chapeau, comme mon propre *valet de pied, Dick*.

serais un valet de pied, en apparence,

En sens et en éducation, *vraiment*.

Quant à ma *tête*, elle devrait être portée de manière ambiguë

A la fois une perruque *et* ses propres cheveux.

Je poudrerais mes cheveux à la manière des femmes,

Et *s'habiller*, et *parler de s'habiller*, plus qu'eux.

Je ferai plaisir aux demoiselles d'honneur, si je peux ;

Sans culottes en velours noir, qu'est-ce que l'homme ?

Je mettrai mon talent en affichage *de boutonnières*,

Et je me vante de la fréquence à laquelle je me déplace chaque jour.

Dois-je porter des vêtements confectionnés dans *la maladroite Angleterre* ?

Et transpirer en drap, pour aider le *commerce de la laine* ?

En broderie *française* et en dentelle *des Flandres*

Je dépenserai les revenus de la place d'un trésorier.

de *Deard* pour les babioles s'élèvera à des milliers,

Et je sortirais- di'mond même le *Comte Di'mond*.

Je convaincrais le monde par la tauderie Cloa,

Que *les Belles* sont moins efféminées que les beaux,

Et le docteur *Lamb* devrait couper les orteils de Monseigneur.

    Pour bénir mes compagnons, je donnerais mon temps,

Avec des joueurs, des proxénètes et des parasites, je vivrais.

Je dînerais avec *les Jockeys* de *Newmarket*,

Et aux *Rough-riders*, donnez mon meilleur vin.

Je caresserais un *homme d'écurie* de renom,

Et imiter son langage et son *manteau*.

Mes soirées tout ce que je voudrais passer avec *des aiguiseurs*,

Et faites du *Thief-catcher* mon ami intime.

Dans *Fig* le combattant du prix aux délices du jour,

Et souper avec *Colly Cibber* tous les soirs.

   Si je suis par hasard malade à la mode,

J'enverrais chercher *Misaubin* et je prendrais sa pilule.

Je devrais détester, même si j'en ai absolument besoin,

Arbuthnot, *Hollins*, *Wigan*, *Lee* ou *Mead* :

Mais si je découvrais que j'allais de pire en pire,

J'éteindrais *Misaubin* et prends une infirmière.

Combien de fois, quand d'éminents médecins échouent,

Les bons vieux remèdes féminins prévalent-ils ?

Quand la beauté aura disparu et que *Chloé* sera frappée par les années,

Elle peut coucher les yeux ou se seringuer les oreilles.

Des diplômés, je n'aime pas la déroute savante,

Et choisissez une *femme médecin* pour la goutte.

   Ainsi vivrais-je, sans *pédants ennuyeux* et maudits,

Bien sûr, de tous les imbéciles, *les érudits* sont les pires.

Retournez à vos *universités*, imbéciles,

Et balancez des arguments sur des cordes dans les écoles :

Les écoles dont *les universités* ils appellent,

« Ce serait bien pour *l'Angleterre* s'il n'y en avait pas du tout.

Avec la facilité avec laquelle la nation pourrait subir une perte,

Fourni par *Goodman's Fields* et *Drury-lane*.

Oxford et *Cambridge* ne valent pas un sou,

Comparé à *Haymarket* et *Convent-garden* :

Quittez-les, vous la jeunesse britannique, et suivez-les,

Transformez tous les joueurs et prenez vos diplômes d'écuyers.

Ne vous vantez pas de vos revenus maintenant, comme auparavant,

Ye book- j'ai appris les sièges ! les Théâtres ont plus :

Vous, chefs de collèges à la croupe raide , soyez muets,

Un eunuque qui chante reçoit une somme plus importante.

Ayez certains d'entre vous trois cents par an,

Booth , *Rich* et *Cibber* , deux fois trois mille sans faute .

Oxford devrait -il rejoindre sa sœur *Cambridge*

Un an *de loyer* et *une amende arbitraire* :

Ainsi, pas un seul hiver ne serait pris en charge ,

Pour Playhouse, Opera, Ball et Mascarade.

Heureux de féliciter l'âge du juge,

Les acteurs sont le monde, le monde la scène.

   Je suis aussi un politicien et je déteste

De tout parti, ministres d'État :

Je suis pour un *acte* , celui qui a sept années entières

A servi son *roi* et *son pays* , a perdu ses oreilles.

   Ainsi depuis ma naissance je suis qualifié tu trouves,

Donner les lois du *Goût* au genre humain.

Les miens sont les vaillants projets de politesse,

Pour les livres, les bâtiments, la politique et les vêtements.

C'est *le vrai goût* , et quiconque n'aime pas ça,

Est un imbécile, un costaud, un chiot, un imbécile et un imbécile.

---

[1] Bently's Milton, tome 9. Ver. 439.

Milton Keynes UK
Ingram Content Group UK Ltd.
UKHW011820120624
444110UK00004B/214